Michael Czesarczik

Junigewitter

Gedichte

© 2012 Michael Czesarczik

Verlag: Lulu.com
ISBN: 978-1-4466-7794-0

Das Werk, einschließlich seiner Teile, ist urheberrechtlich geschützt. Jede Verwertung ist ohne Zustimmung des Verlages und des Autors unzulässig. Dies gilt insbesondere für die elektronische oder sonstige Vervielfältigung, Übersetzung, Verbreitung und öffentliche Zugänglichmachung.

Junigewitter

Inhalt

tiger im tank 11
winternachtwanderung 12
na du 13
Vollmond 14
junigewitter 15
sternschnuppe 16
nachtnässe 17
ode an die straßenlaternen 18
und gelange in 19
kleine weisheit 20
Tagtraum 21
küsse dir in gedanken 22
Im Stehcafé oder schöne Bescherung 23
herbstvision 24
landwind 25
traum 26
Großstadt 1 27
Großstadt 2 28
im café 29
am rhein 30
Bielefeld Hauptbahnhof: 31
im wapelbad 32
drachenzeit 33
Drachenzeit 2 34
abschied 35
der mund ist ein roter lippenmund 36

das wetter, vom 12. januar 1989   37
gewitter   38
die holzfäller   39
Amrumwelt   40
soeben traf ich einen briefboten   41
im zug   42
supermarktnotiz   44
zeitungsausträger   45
in der nachbarschaft   46
Sommer vorm Balkon   47
kornblumenblau & weizenfeldgelb   48
veränderung   49
Veränderung 2   50
sommerabend-nachtgedicht   51
ferien   52
Aufbruch   53
die jagd   54
gotteslästerung   55
Die See kommt   56
was mich wert macht   57
noch keine abenddämmerung   58
Windmühlenwind   59
landschaft   60
notiz   61
es gibt diese sommernächte   62
Hirnfrüchte Oder Kopfgeburten   63
draußen lebt das land   64
begegnung   65

yvönnchen 66
wortSpiel 67
du: 68
K2 69
Sternenstaub 70
Sonnentage 71
(ende september)
Am Küchenfenster 72
(Sennestadt, 4 Etage)
oktoberregen nässt die straßen 73
sterntaler 74
Tag am Meer 75
Und wieder über Stolpersteine 76
montgolfiade 77
taubengebrief 78
Wortlos 79

tiger im tank

schwalbenflug
aus dem küchenfenster geschaut
und gestaunt

kinder im hof
ballspiele gummitwist
hausfrauengeschwitze hinter gardinen

auf der anderen straßenseite
ein kurzes nicken

höre die autos den tiger im tank fahren

winternachtwanderung

für tdg

durch den schnee stacksen
in klarer eisiger nacht

Du: der bisweilen zufrieden
hinauf zum kleinen bär
  blickt
dessen nordstern am
ende jener deichsel
  wir folgen

rufe **ahnend** nach dem
hund
sich seinem jagdinstinkt
leitend
  die nacht anschleicht

schließlich
  das maul blutverschmiert
zurückkehrt

na du

bald ist ja tag-und-nachtgleiche
und dann kommt ja auch der frühling.

dann wird auch die liebe wieder erwachen,
dann solls auch der oder die richtige sein.

und dann machen die menschen wieder schöne
feuer
und es wird schluck getrunken.

die feuerwehr rüstet für sommerblitze
und der hund von opa und oma bellt!

Vollmond

weit hinterm häusermeer
erstirbst du : blutdurchtränkt

vom grauschleier verschluckt
und doch begnadigt

du: silberst fleckenvoll
lungerst in augen

junigewitter

wolkenexplosionen über
durchschwitzter stadt

schwüle
wäscht der regen

aus gassen
aus junigärten

sternschnuppe

astronaut, betupfst den sternenhimmel
es gelingt dein wunsch dort oben

der erde so nah und gleitest sooo näher-
verglühst,sternschnuppen-hell

wünsch dir was, wünsch dir was!
der kleine junge lächelte

nachtnässe

nachtnässe
tropft.

mondscheinperlen
auf schattentulpen.

schneckenreise-

flüsterworte mit
auf den

asphaltenen
weg.

ode an die straßenlaternen

zur nacht
wachen
lampen

ihre schatten schauen
in die zimmer

und stehen an
hauswände gelehnt

und gelange in
dezemberabendstraßen.

dampfende häuser verstärken
meine sehnsucht nach

heimat.

kleine weisheit

die nacht in die
seele lassen

und sagen:
es ist gut

Tagtraum

ich sitze im kinderwagen, den oma
auf weißem waldboden schiebt.

lese Orwells 1984.
grüninfanteriemanie-schüsse knallen.

im persielweißschnee stirbt oma.
Zimmer 101…

was würde Winston dort erwarten?
und was mich hier?

küsse dir in gedanken

schwalbenflug
aus dem küchenfenster geschaut
und gestaunt

kinder im hof
ballspiele gummitwist
hausfrauengeschwitze hinter gardinen

auf der anderen straßenseite
ein kurzes nicken

ich drehe mich um
du stehst im flur und telefonierst

küsse dir in gedanken
ich liebe dich
auf deine lippen

Im Stehcafé oder schöne Bescherung

der blumenjunge verkauft ab heute
wieder rapsblütendämmerung,
wie jedes jahr um diese zeit

am nebentisch füllt einer einen
lotterieschein aus; der kommt
auch regelmäßig her
macht seine kreuzchen
um irgendwann auf Ibiza zu schwitzen

der den osterhasen überfahren hat,
den haben sie jetzt geschnappt
höre ich jemanden sagen

mir wird plötzlich schlecht
kotze der dame torte aufs kleid

herbstvision

der wald modert im oktobernachmittag.
ein einsamer geht im rausch.

die blätter fallen.
und eine taube steigt auf in die wipfel.

am seeufer ein entenpaar
sich schützend im laub vergräbt.

zwei schwäne treiben über das wasser.
und wolken hängen tief.

landwind

der regen perlt an den spinnennetzen,
perlt in hagebuttensträuchern, leckt
deren frucht, tropft

landwind hat uns wieder

drinnen werden die lichter entzündet,
brot gebrochen, verteilt

traum

der mond hängt lose über der stadt.
die pafft und kracht. macht in die ecken.

den damen onanieren bettler hinterher.
im schaufenster „Stellenweise Glatteis".

auf dem ring fährt man manta.
die mädchen haben gefüllte herzen. •

in meiner tasche klebtn bonbon.
ich steige aus dem zug. du bist da.

Großstadt 1

bürgersteigstrände.
stöckelschuhig wird hier gelebt.

auf dem kopf trägt man hut.
die kinder nehmen sich an die hand.

und überall ist plastiktütenschwere.

Großstadt 2

golfströme und passatwendige
hupen in der großen stadt.

an haltestellen halten straßenbahnen;
die menschen quellen heraus und hinein.

bei McDonald's isst sich jeder satt.
leuchtreklame, egal wohin man blickt.

gedichte von mir in einer reclam-ausgabe.
nutten im scheinwerferlicht.

und im stadtpark wird gemordet,
denn es gibt auch noch nen bösewicht.

im café

bedienung kommt mit schwarzwälderkirsch
mit sahnehäubchen auf schwarzer suppe

omamünder benehmen sich nach knigge-art

lirum-larum-löffelstiel:
im gästewirrwarr tanzt blöde diese kinderpuppe

fräulein! noch einmal schwarzwälderkirsch
du küsst dein weib hier liebevoll und zart

am rhein

dezembernachmittag liegt schwer
auf den türmen

kalte winde stürmen
und brücken schwingen sich stählern

über den rhein, auf dem die
lastenkähne mit tuckerndem geschrei

stromauf und stromabwärts fahren
möwen und fische treiben vorbei

Bielefeld Hauptbahnhof:

ein güterzug donnert hindurch
und nach osten

abstellgleisewaggons

kofferankunft zwischen reisetaschenproviant
und
türenschließenselbsttätig
bittevorsichtbeiderabfahrt

drüben auf gleis 4 werden zum abschied
schmuseküsse geküsst

im wapelbad

jung und alt und auch noch älter
von nah und fern kommt man gern
mit kleinen und großen gehältern
mutti und vati mit den kindern
auf der weide nebenan landwirts rinder

ne bude gibt's auch hier
mit was drin zum kaufen
auf den tischen draußen steht das bier
und mancher hat nen glasigen blick
es kommen noch gäste damenschick

drachenzeit

mit
den
winden
tanzen
drachen

von
dünnen
schnüren
gehalten

kinder
zerren
daran

buntes
papier
knistert

Drachenzeit 2

wenn der sommer seinen
abgesang hat
dann die drachen was
erwägen

wenn der sommer seinen
abgesang hat
und die drachen es
dann wagen

kramen kinder ihre schnüre hervor
die drachen damit einzufangen

abschied

du hast dein leben zu ende gelebt
in einer weise wie du warst

bilder sind in mir von dir
dankbarkeit – aber auch späte zuneigung

jetzt liegst du gut gebettet unterm januarzelt
der welt gebarst du ein kind und so gebarst du
auch mich

für magdalene

der mund ist ein roter lippenmund
küsst einen mund nicht ohne grund
verformt sich der mund zum kuss

auch der hund zieht ne schnauze sollst du
halten sonst gibts was obendrauf der hut
steht dir aber gut das kleid hat ein loch

darin haust der fuchs ist flugs um
die ecke mit wehendem mantel
über die ampel bei rot bist du tot

das wetter, vom 12. januar 1989

anfangs lockere im tagesverlauf
verdichtende wölkung und
zeitweise regen

8, nachts 3 grad
frischer wind

weitere aussichten:
kurze wetter
windig und wild

gewitter

der himmel glüht

schwefel tönt dumpf, tönt grollend
mond versteckt sich

regen platscht, prasselt
geist dichtet wirr

es wolkt gott
in deinem atemzug

die holzfäller

kastanienbraun der wald
um stämme wallen nebel

lederne schritte im grund
kerlige stimmen reden

starke pferde schnauben
kalte äxte blitzen feucht

motorsägen röhren
keile setzt man an

Amrumwelt

Insel der von-Arbeit-ganz-grau-Gestrandeten,
lag mit dir allein auf weißem Sand.

Auf dem Schreibtisch habe ich dich:
als getrocknete Seesternerinnerung,

dich als Leuchtturm, mit Geblinke übers
weite Zimmerteppichmeer.

Meine Kinderdrachenzeit flog mit dir im Wind.
Austernfischer gellten uns kübik, kübik ins
Herz.

soeben traf ich einen briefboten.
sein gelber briefkarren war, vielleicht bis auf
wenige prospekte, leer. an dem karren befand
sich eine seitentasche, aus dieser der bote sich
das letzte brötchen seiner morgenverpflegung,
auf dem weg zurück zum postamt, zu leibe
nahm.

ich ging eilend an ihm vorbei, grüßte ordentlich,
das grüßen wurde freundlich erwidert,
betrachtete
sein gesicht, soweit mir das in jenem augenblick
möglich war und bemerkte eine gewisse
zufrieden-
heit darin...

dann wandt ich mich doch noch mal um.
der briefbote bog um die vorher von mir
umgangene
hausecke. ein letztes mal sah ich den boten,
seinen briefkarren und sah das letzte stück rad.

im zug

langsam schiebt sich der mond groß

hinter der stadtfassade hoch.
ich sehe seine meere durchs nach
westen fahrende zugfenster.
ein plötzlich aufgetauchter stern
blinkt eine rätselhafte nachricht,
die ich jedoch nach genauerem hinsehen
als ein flugzeug identifiziere; es
gleitet lautlos ins licht des abteils,
das sich im zugfenster spiegelt.

zwei menschen, bürger irgend-
einer stadt – sie haben keine koffer
bei sich, nur der ältere trägt eine
schmale aktentasche – stehen wartend an
einem der wenigen gleise.
ihre kleidung wie dieser bahnhof: schäbig
und unfarben!
vermutlich vater und sohn.
der sohn ist erwachsen und der vater
putzt ihm die nase und bedeutet ihm, sich
brav neben ihn zu stellen.

der mond, brennende ödnis!, hat sich

jetzt davongemacht, aber ist in einem der
linksseitigen zugfenster zum erneuten
scheinen angetreten.

der zug rattert weiter gegen die dämmerung,
vorbei an bergen aus schrott, bizarren
lichterketten und weiten feldern mit
arbeitenden mähdrescher-und traktoren-
silhouetten, auf denen die fahrer das
abendbrotgebet denken.

supermarktnotiz

konsumenten: vor sonderangeboten
an südfrüchteständen. hms und najas.

händegreifen. zwischen hundeleinen
kinderwünschen
zuschlagenden und sich öffnenden autotüren

ein hinein-hinausgehen, mit
buntbedruckter plastiktütenschwere.

auf einer mechanischen walt-disney-ente
reitet ein kind seinen wunsch ab: für fünfzig
pfennig.

zeitungsausträger

der morgen ist geschwängert vom duft
schweren sauerteigs

amsel-drossel-fink-und-star-gesang

weltgeschehen füllt die briefkästen
und in stuben gibts den ersten Tchibo
vielleicht auch hoffnung auf besseres-

eine klospülung zerreißt für einen augenblick
dieses band morgendlicher herrlichkeit

ich bin nicht vorgesehen für den neuen tag
bin nur sein bote

in der nachbarschaft

unsere dächer unterm novemberzenit

auf straßen: spielende kinder
regentropfen klatschen auf ihr haupt
die flinken beine laufen um hausecken
und springen in dunkle pfützen

irgendwo bellen hunde hinter eisernen gittern
und manchmal hört man eine mutter
angstvoll nach ihrem kind rufen

unten auf dem parkplatz rosten die buicks

ein alter mann schlurft übern asphalt
in seiner rechten hält er zitternd
eine abgegriffene einkaufstasche
in der linken einen geflickten regenschirm
er wird wohl seine essensmarken eintauschen

der regen ist stärker geworden
trommelt das fensterglas
macht draußen die pfützen zu seen

höre die kinder den regen auslachen

Sommer vorm Balkon

Geranien in Kästen; hängend an
der Sommerrüstung.

Auf dem Spielplatz in kletterluftiger Höhe
Kinder und rutschend hinab,

Förmchen mit Kuchen aus Sand, gebacken
von Sommersonne. Ein Blick so lüstern.

Am Abend riechts nach Spiritus,
Fleischgegrilltem und Biersteakrum.

Im TV ist die Rede von einem vermissten Kind.

Kornblumenblau & Weizenfeldgelb

mit dem rad durch sommerliche landschaft
die kette klickert über geölte zacken
auf dem asphalt von hitze durchtränkt gelingt
das autofahren noch weit

ein summen und brummen von insektenem heer
nascht von diesem goldenen sommertag
kornblumenblau und weizenfeldgelb reift die
ernte heran und zerstäubt ein lerchenes lied

ich berausche mich an diesem tag
und das stählerne ross zwingt mich weiter tiefer
in die sommerflut hinein
irgendwann werde ich ankommen

veränderung

heute noch einen letzten mauersegler segeln
gesehen in hohen lüften.

ich weiß, der sommer geht zu ende.
sonne sinkt nieder mit jedem augusttag

und kleines laub jagt mit gewitterstürmen
um kommende dunkle ecken.

lass mich noch einmal als segler aufsteigen
in der augusthitze, um verwelkte felder zu sehen

und zu wissen, ich muss noch über dieses land.

Veränderung 2

Als die Mauersegler
den Rückflug antraten
in den Süden,
bist auch Du gegangen.

Mein Blick fällt durchs
Fenster-

Verspüre Sommersehnsucht,
verspüre NachDirSehnsucht,
fühle den Herbst. Kühle
berührt jetzt schon ein wenig das Land.

Seine Tage werden kommen,
und ich werde hier sein,
vielleicht wieder mit Dir sein.

sommerabend-nachtgedicht

für katja S.

du sommerabend, aschfahl
deinen wanst voll regen
bist bald eine neue nacht mit fieberträumen

auf deinem fenstergesims
brieftaubenschlaf

aber ein luftzug bewegt den
strandroggen der
in einer vase

im schwellenden sommerabend schwelt
bisweilen der alte, alte silbermond

ferien

sommer hat
den löwenzahn
geschluckt

wolken vermessen das blau,
sonnendächer
schwitzen die letzte
hitze

in straßen
fährt der eiswagen
seine
kühle-bringende-tour

kinder lesen
noch einmal
spannende geschichten

Aufbruch

Nebel durchflutet den
Teutoburger Wald

Flugzeuge zeichnen weiße
Striche ins Morgenblau

Mützen und Handschuhe
lungern im Frost

Häuser dampfen Kaffee
dampfen Mut

für alexandra R.

die jagd

warmes blut fleckt

noch immer krachen die gewehre
hundegebell schwillt an
verebbt wieder

jagdhörner verkünden.

alles in allem eine gelungene jagd
den alten fuchs haben sie auch
diesmal nicht erwischt

gottteslästerung

in den köpfen wilde HARIBO-träume
tanzen unter neonlicht bunte gummibärchen

münder formen sich: sprechen,
in selbiger sprache, fremd
plappern der welt ein abstraktes BLUB entgegen

ein schmatzen in wolken

Die See kommt

Regengenässt schwemmt sie einen
roten verliebten Wollpullover
an meine Brandsohlen

Diese Liebe riecht nach Tangkern
nach Ohrmuschelwind

was mich wert macht

gedichte schreibend hocke ich in der
welt stuben.

erinnerung an das gewesene
liegt in den zeilen.

meinem maul traue ich bisweilen nicht.

ich mag dich: gott, weil du
meiner sommererinnerung löwenzahn bist,

des nordmeer brandung
an meine meeresleidenschaft knallt.

Anmerkung:
ich Gedichte meinen tag
lebensquelle! begib mich hinein.

noch keine abenddämmerung in
sicht
aber bald gibt es eine
andere sicht-weise

dann schlägt der wind mir
das maul zu
weil wir den abend
verderben

aber noch ist es nicht
soweit
noch ist der amsel gesang
rückerinnerung-

Windmühlenwind

kommender landschaften.
bestellte felder
gewachsen
reif geworden.
an sommertagen fliehend über sie hinweg.
sturmgewaltig durch faulige obstgärten.
behende kinder, in diesen zeiten.
wetterhähnen ist es zu windig.
und um hausecken jagst du auch,
mit wilder lust.
wir betrachten deine spuren, dein chaos.

aber wenn wir unsere segel setzen

landschaft

winterliche brandung , braungebrannte
sonne liegt in deinem schatten.

mittendrin fließt regen, verdampft in
der weißen täler purpurnem schlund.

bald stapelt sich der wald an
einer straße, auf der kinder

mit fahrrädern hinabsausen – lachend.

notiz

Draußendunkelheit.
nässrige Dunkelheit. die auf
vergilbten Sommerblättern liegt.

ich zerre mich aus dem Bett. schlüpfe
in die Sandalen. das kalte Leder befrischt
meine Füße. ich erschrecke. ein wenig.
mache Licht.

das Dunkel hier drinnen, das mich
noch vor Sekunden umhüllte,
hat sich in die unbeleuchteten Ecken und
Spalten zurückgezogen – wie eine Schnecke
bei Gefahr in ihr kalkenes Haus.

ich stelle den Wasserkessel auf die Herd-
platte. um mir Tee zu kochen.
es plätschert im Hof.

es gibt diese sommernächte in denen man
das gefühl hat, eine tiefe zufriedenheit liegt
über dem land und alles geht seit urzeiten
seinen gang
das schrille zirpen der zikaden verstärkt dieses
tiefe geborgensein im göttlichen
mancher aber wird nicht schlafen können,
weil ihn alles zu sehr plagt und
rennt in die verdammte nacht,
sich auf die zikaden zu stürzen,
den wenigen gefangenen die hinterbeine oder
flügel auszureißen
die nacht mit ihrem sternengespickten zenit wird
er treten und den alten silbern
brennenden mond bespucken
und ein kind wird fieberträume haben

Hirnfrüchte Oder Kopfgeburten

die zeit knechtet
in den uhren

computer klauen
unsere weisheiten

radios plärrn von liebe
schmerz und einsamkeit

und aus den wasserhähnen
fließt Coca-Cola

dann und wann spießen
stecknadeln insekten auf

der kreis will ein kreis nicht mehr sein

beate-uhse-vibratoren
vibrieren die neue

lust, und in der nacht
schreit neonlicht:

plastoform

draußen lebt das land

damit dein herz in sehnsucht fällt,
damit der sturm wehen kann übers alt-
weibersommerland

wolken ziehn. drunter die elstern
mit majestätischem schwingflug
auf der suche nach silbernen dingen

mond nimmt zu, nimmt ab, nimmt wieder zu
der große wagen und orion stehen sich
nicht mehr gegenüber

draußen lebt das land jetzt anders

begegnung

wege und gräser
nasses gras
im nassen gras

weinbergschnecke im nassen gras

jetzt auf meiner hand
mit nun ausgestreckten fühlern
langsam kriechend

verzaubert: die weinbergschnecke

yvönnchen

die tiefe des vergangenen sommers, als ich kind
war...

so tauche ich tief und tauche doch auf,
lass die wasser um mich spielen.

azur um mich, bequeme mich.
die eistüte lacht; erdbeer und vanille.

schwimmerin im glanz... fahrtenschwimmer-
sprudelnd nass.
ho! ich spring ins nass.
schau auf das yvönnchen-

so stolz, im zimmer silbert der pokal.

nach einem song von der band „la düsseldorf"

wortSpiel der kinder auf straßen im

oktoberregen nässt die regenschirme gehen
an bunter leuchtreklame vorbei der
sommer ich träume von ihm
habe blutige hände in der citypassage
bittet eine obdachlose um ne mark gehts
und um die wurst die ist bei manchem
zu haus im kühlschrank wird faulig der
apfel im magrittegesicht zur wand
und die beine auseinander ihr zwei
polizisten in fernsehern bei karstadt die
rolltreppe runter die obdachlose mit meiner
mark

du: in urblau gehüllt
im schoß die kindheit
der tod brach an dir
wie liegst du urtief in mir

deine kornblumen welken
um erneut zu sein in gestalt von perlen
eine amsel trägt dein kleid
und ich ertrage deine einsamkeit

der schatten des baumes der bist du
als frucht fall ich nieder
genau in dich
und höre dir liebend zu

für gabriele B.

K2

hände an
seilschaften

gipfelsturm

manchmal
a
b
s
t
u
r
z

Sternenstaub

dahin gestreut ans nachtschwarze firmament
wie funkenflug meiner brennenden seele
sommernacht; deine glühwürmchen –
phosphoreszierende liebesspiele

bisweilen beherbergst du raumfahrer und
anderes fahrendes volk
kinder dürfen sich sternschnuppig etwas
wünschen
dein kreuz des südens nährt träume

papierflieger – kommt dir so nah?
deine milchstraße: als wäre ich schon zeitenlang
darauf unterwegs
schreibe über dich

Sonnentage

(ende september)

schaut auf die blätter
sonnengegärbt

im dunkel verfärbt sich
unsere zeit

streckenweise ohne haus
noch unterwegs

königsblau trifft kaiserschmarn
weibergesänge im morgentau

Am Küchenfenster

(Sennestadt, 4 Etage)

bielsteinturm zwinkert stetig rot
der silbern fleckenvollen scheibe zu
wolken paffen

verginia-rauch in meiner küche
dazu italien deine weine
filigranes gebäck

wohnstuben leuchten diffus wärme
geblinke zieht der nacht entgegen
verginia-rauch

oktoberregen nässt die straßen.
regenschirme gehen an bunter
leuchtreklame vorbei.

ich träume vom sommer,
vom löwenzahnwein,
fühle deine hand in meiner.

auf einer hauswand steht:
obdachlose kaufen lose nur bei lotto.
und fühle meine hand in deiner.

Sterntaler

*

Tag am Meer

Mein Blick fällt auf den
„Tanz der Winde".
Ein Hund pinkelt dran.

Auf dem Bootssteg neben mir
ein Stück Japan.
Segelboote sind seit Tagen bereit.

Muscheln in Tüten,
manchmal auch mit Räucheraal
auf Tellern.

Möwen bereiten die Schlacht
am kalten Buffet.
Mittendrin auch hier ein Spielmann.

Ich nehme dich mit in meiner Tasche,
winke dir noch einmal.
Sand in meinen Haaren.

Und wieder über Stolpersteine

es marschieren geister
über den asphalt, schwarzstiefel
die kappe braungebrannt

und wieder über stolpersteine
golden-messing
1896 bis zur reise ohne wiederkehr

auschwitz,ich...
schoß
winterruhe

montgolfiade

hard gelandet
luft; die war schon kalt

schnell die seide versteckt
ich wusste nichts von anderen fahrern

taubengebrief

Morgenrötel
zersticht
nacht

Taubengebrief
flimmert
über
geäst

Falken

Wortlos

www.ingramcontent.com/pod-product-compliance
Lightning Source LLC
Chambersburg PA
CBHW061506040426
42450CB00008B/1497